Verkaufsmanagement

Verkaufsorganisation, Kundenorientierung, Teamentwicklung, Controlling

Nina Arends

GRIN ☺

Bibliografische Information der Deutschen Nationalbibliothek:

Die Deutsche Nationalbibliothek verzeichnet diese Publikation in der Deutschen Nationalbibliografie; detaillierte bibliografische Daten sind im Internet über http://dnb.d-nb.de abrufbar.

ISBN: 9783346726605
Dieses Buch ist auch als E-Book erhältlich.

Deutsche Hochschule für
Prävention und Gesundheitsmanagement
Hermann Neuberger Sportschule 3
66123 Saarbrücken

Einsendeaufgabe

Fachmodul:	Verkaufsmanagement
Studiengang:	Fitnessökonomie
Datum Präsenzphase:	14.08.2017 – 16.08.2017
Name, Vorname:	Arends, Nina
Studienort:	**Frankfurt, 2.Klasse**
Semester:	**WS 2016**

Inhaltsverzeichnis

1 Teilaufgabe 1 – Verkaufsorganisation

Im folgenden Kapitel werde ich näher auf die gesamte Verkaufsorganisation und ihre Kernpunkte eingehen. Zur erfolgreichen Bearbeitung war eine Klassifizierung/Einordnung meines Ausbildungsbetriebs nötig, die ich zunächst in tabellarischer Form darstelle.

Name und Standort (Stadt) der Anlage:	Vitalis Sport Fitness- und Gesundheitszentrum (Münster)
	Klassifizierung/Einordnung
Anlagenstruktur:	Gemischtes Studio (Männer und Frauen); gesundheitsorientiertes Training
Größe der Anlage:	1.500 – 2.499 qm
Preisstruktur der Anlage:	30,00 € - 59,99 € /Monat
Kernleistungen:	Verkauf von Mitgliedschaften

Tabelle 1: Klassifizierung/Einordnung des Ausbildungsbetriebs (eigene Darstellung)

1.1 Verkaufsprozess im Ausbildungsbetrieb

Die erste Phase des Verkaufsprozesses ist die Vorbereitung. Sowohl die organisatorische als auch die mentale Vorbereitung spielen eine wichtige Rolle. Die organisatorische Vorbereitung beinhaltet das Zusammenstellen der Unterlagen, die für das Gespräch benötigt werden. Dazu gehören Blankoverträge und alle Materialen und Informationen, die vom Interessenten vorhanden sind. Nur mit dieser Information lässt sich ein individuelles Verkaufsgespräch durchführen. Des Weiteren ist dafür zu sorgen, dass ein gut belüfteter und freundlicher Raum für das Verkaufsgespräch vorzufinden ist.

Die Einstellung, mit der man sich in das Gespräch begibt, gehört zur mentalen Vorbereitung. Der Verkäufer muss sich in seiner Rolle sicher sein und sich wohl fühlen. Nur eine selbstsichere und überzeugte Person ist dazu in der Lage, auch andere Menschen zu überzeugen und somit Dienstleistungen als Problemlösung zu vermitteln und zu verkaufen.

Die zweite Phase ist die Kontaktaufnahme. Hier geht es darum, einen möglichst guten ersten Eindruck zu schaffen. Denn dieser ist ausschlaggebend für den weiteren Verlauf des Verkaufsprozesses. Der Interessent sucht beim Verkäufer Erfahrungs- und Vertrauenseigenschaften, da diese aufgrund der Immaterialität der Dienstleistungen das einzige sind, welche als greifbar erscheinen. Zur Begrüßung gehören selbstverständlich die eigene Vorstellung und die Nennung der eigenen Funktion/Aufgabe im Betrieb. Bestenfalls ist der Name des Interessenten bereits bekannt, dies führt zu einer persönlichen Ansprache. Die Person wird in den Beratungsraum begleitet und ihr ein Getränk angeboten. Danach erfolgt ein "Small-Talk", um mögliche Spannungen zu vertreiben und die Atmosphäre zu lockern. Die Stimmung wird genutzt, um einen flüssigen Übergang in das eigentliche Verkaufsgespräch herzustellen. Hier ist von besonderer Bedeutung, den persönlichen Bedarf des Interessenten herauszuarbeiten, um ein passendes Angebot machen zu können. Die Kosten-Nutzen-Analyse muss hierbei individuell vorgestellt werden. Nicht zu vergessen ist das Herauskristallisieren der persönlichen Werte, um den richtigen Motivations- und Antriebspunkt der Person zu finden. Zur Einwandvorbehandlung werden gezielte Fragen gestellt, um mit dessen Antworten mögliche Argumente gegen eine abgeschlossene Mitgliedschaft auszuschließen. Es folgt die Klärung von offenen Fragen und weitere beratende Tätigkeiten. Die Preisklärung erfolgt meist erst dann, wenn der Interessent danach fragt oder die Mitgliedschaft unterschreiben möchte. Die abgeschlossene Mitgliedschaft ist für uns als Berater während des gesamten Verkaufsprozesses das zu erreichende Ziel. Steht die Person der Angebotspräsentation mit einer abneigenden Gesamthaltung negativ gegenüber, ist dies meist schnell zu erkennen und das Gespräch wird freundlich beendet. Kommt es zum Abschluss einer Mitgliedschaft, wird das neue Mitglied freundlich als neues "Familienmitglied des Vitalis Sports" betitelt. Zum weiteren Vorgehen gehört das Vereinbaren und Erläutern der Einweisungstermine. Danach wird das Neumitglied freundlich und mit Ausdruck der Freude auf die nächsten Termine mit Namen verabschiedet. Letztendlich werden dann alle Kundendaten eingepflegt und alles für die anstehenden Termine vorbereitet (z.B. Schlüssel anlegen). Selbstverständlich werden dann in den ersten Wochen spezielle Maßnahmen durchgeführt, um die Neukunden weiterhin zu motivieren und in ihrer Entscheidung, sich bei uns angemeldet zu haben, weiterhin positiv zu bestärken.

1.2 Vergleich mit den 13 Stufen des Verkaufs

13 Stufen des Verkaufs	Phasen Vitalis Soll	Phasen Vitalis Ist
Vorbereitungsstufe	Organisatorische Vorbereitung, Mentale Einstellung, Raum belüften	<->
Kontaktaufnahme	Eigene Vorstellung der Person, Name des Interessenten kennen	Körperhaltung,Mimik & Gestik werden kaum berücksichtigt.
Aufbau einer persönlichen Beziehung	Strategien zur Gesprächseröffnung, Begründug für das Beratungsgespräch	<->
Bedarfsanalyse	Spin-Methode, (Un)Bewusste Bedürfnisse herausfinden, Notizen machen, Fragetechniken anwenden, Signalwörter einsetzen, Keine Angebotspräsentation durchführen	Vitalis geht auf das Angebot sehr früh ein. Immer wieder erfolgen Hinweise darauf. Ebenfalls wird ein "Kosten-Nutzen"-Modell angesprochen
Angebotspräsentation	Merkmale beschreiben, Vorteile aufzeigen, Nutzen liefern, Vorgehen koppeln, Sinnesaktivierung	<->
Angebots- und Bestätigungsstufe	Vorteile des Verkaufs erklären, Bestätigungs- und Suggestivfragen einsetzen	Vorteile werden anhand des "Kosten-Nutzen"-Modells erklärt
Grundsatzentscheidung	Frage zur Grundsatzentscheidung formulieren, Positive Entscheidung erhalten	<->
Preispräsentation für die Mitgliedschaft	Möglichkeiten und Preisgestaltung aufzeigen, "Kosten-Nutzen"-Modell darstellen	Wurde bereits in Bedarfsanalyse angesprochen
Das „Ja" zur Mitgliedschaft	Empfehlung aussprechen, Alternativfragen einsetzen, klare Preisakzeptanz	Bereits geklärt
Preispräsentation für das Startpaket	Nutzen Startparket aufzeigen, Günstige Relation Preis-Leistung	Bereits Gegenstand der Preispräsentation
Vorabschluss	Vorabschluss durchführen, Ein "Nein" verhindern, Drei-Schritte-Strategie, Meinungsfragen einsetzen	Zu diesem Zeitpunkt wurde die Mitgliedschaft bereits bestätigt oder abgelehnt
Mitgliedschaft	Abschluss durchführen, Mitgliedschaft von Berater ausfüllen, Vorgehe dem Interessenten erläutern Interessenten Zeit zum durchlesen geben	Zu diesem Zeitpunkt wurde die Mitgliedschaft bereits bestätigt oder abgelehnt.
After-Sales-Betreuung	Mögliche Bestandteile angewandt, Kognitive Dissonanz vermeiden	<->

Tabelle 2: Vergleich der Verkaufsphasen (eigene Darstellung)

Legende:

<-> = keine Abweichungen im Verkaufsprozess

Phasen = 1. Begrüßung (Vorbereitungsstufe, Kontaktaufnahme, Aufbau einer persönlichen Erziehung), 2. Bedarfsanalyse, 3. Angebotspräsentation (Angebots- und Bestätigungsstufe, Grundsatzentscheidung, Preispräsentation für die Mitgliedschaft, Das „Ja zur Mitgliedschaft, Preispräsentation für das Startpaket), 4. Abschluss (Vorabschluss, Mitgliedschaft, After-Sales-Betreuung)

Begründung möglicher Abweichungen im Verkaufsprozess:

Innerhalb der gesamten Begrüßungsphase sind kaum Unterschiede festzustellen. Nach den 13 Phasen wird die Körpersprache als wichtiger Punkt aufgestellt. In meinem Ausbildungsbetrieb kam dieser Punkt eher wenig zur Sprache, da wir als Mitarbeiter mit einer grundlegenden Selbstverständlichkeit für Freundlichkeit, Aufgeschlossenheit, Respekt und Selbstbewusstsein auf Kunden zugehen. Die Bedarfsanalyse erfolgt innerhalb des gesamten Gesprächs, sodass es schon sehr früh zu einer Angebotspräsentation kommen kann. Die Angebots- und Bestätigungsstufe wird durch ein „Kosten-Nutzen-Modell" ersetzt, da der Kunde so einen positiven Vergleich ziehen kann. Die Preispräsentation (auch die, des Startpakets) erfolgt meist schon innerhalb der Bedarfsanalyse, da der Kunde die Frage nach den Kosten stellen kann. Nach dem „Ja" zur Mitgliedschaft wird im Vitalis nur gefragt, wenn der Interessent von sich aus nichts preisgibt. Oft wird aber innerhalb des Gesprächs deutlich, dass sofort unterschrieben werden möchte. Den Vorabschluss gibt es in dem Sinne nicht. Ein „Nein" wird schon viel eher durch die Einwandvorbehandlung zu verhindern versucht. Auch die Mitgliedschaft ist demzufolge schon früher Bestandteil des Verkaufsprozesses. Innerhalb der After-Sales-Betreuung gibt es keine Unterschiede. Um kognitive Dissonanzen zu vermeiden, werden vor allem Neukunden durch spezielle Maßnahmen betreut (siehe Punkt 2.2 Kundenbindung).

1.3 Verkaufsprozessoptimierung

Im Vergleich zu den 13 Stufen des Verkaufs ist der Verkaufsprozess des Vitalis Sports eher einfach gehalten. Eine Berücksichtigung aller Stufen mag möglicherweise als professioneller angesehen werden, aber durchaus kann es auch als unangenehm empfunden werden, wenn bemerkt wird, dass man anhand eines Stufenmodells „abgearbeitet" wird. Das Herausfinden und Erkennen des Bedarfs und dessen Präsentation steht in meinem Ausbildungsbetrieb genauso im Vordergrund wie in dem Verkaufsprozess innerhalb der 13 Stufen. Das Vitalis hat bisher immer gute Erfahrungen mit dieser „lockeren Strategie" gemacht, sodass es keinen Bedarf an großen Veränderungen gibt. Laut Feedback langjähriger Mitglieder empfanden diese das damalige Verkaufsgespräch als „sehr angenehm" und fühlten sich gleich „gut aufgehoben".

2 Teilaufgabe 2 – Kundenorientierung

Im zweiten Aufgabenteil werde ich näher auf die Kundenorientierung und deren Inhalte eingehen.

2.1 Konzept der Selbstkonkordanz – Transformation der Modi

1. Strategie um Kunden **vom externalen Modus in den introjizierten Modus** zu überführen: Schaffung eines Problembewusstseins.

Maßnahme 1: ein "klassisches" Beratungsgespräch, in dem die konkreten Defizite, mögliche weitere Defizite und Veränderungsmöglichkeiten durch regelmäßiges Training aufgezeigt werden.

Maßnahme 2: das Erkennen und Verstehen der eigenen Probleme durch Vergleich mit anderen Menschen (z.B. in einer Reha-Sport-Gruppe).

2. Strategie um Kunden **vom introjizierten Modus in den identifizierten Modus** zu überführen: individuelle Vorteile und persönliche Werte herausarbeiten.

Maßnahme 1: individuelle Vorteile aufzeigen (z.B. bei Beweglichkeitseinschränkungen eine Übung vormachen, die diese Person bei regelmäßigem Training auch wieder durchführen kann).

Maßnahme 2: durch ein Gespräch persönliche Werte herausarbeiten, auf diese eingehen und klarstellen, dass diese Werte angesprochen werden und Ziele erreicht werden können (→ Steigerung der Lebensqualität/ Lebensfreude).

3.Strategie um Kunden **vom identifizierten Modus in den intrinsischen Modus** zu überführen: Positive Feedbacks / Lob

Maßnahme 1: alle Teammitglieder sprechen regelmäßig Lob und Anerkennung für die Leistung aus. Bei äußerlich erkennbaren Erfolgen (z.b. Gewichtsabnahme) dürfen auch Respekt
und kleine angebrachte Komplimente ausgesprochen werden.

Maßnahme 2: dem Mitglied immer wieder aufzeigen, was es schon geschafft hat, was noch
zu schaffen ist und welche Verbesserungen/Vorteile er/sie daraus zieht. Das regelmäßige
vor Augen halten der eigenen Ziele ist enorm wichtig, um die Motivation nicht zu verlieren.
Zudem gilt es auch den Trainingsplan und –art regelmäßig zu ändern, um eine Monotonie
und dadurch Langeweile zu vermeiden.

2.2 Kundenbindung

Die Abbruchsrate ist bei Neukunden in den ersten Wochen besonders hoch (ca. 30%). Das ist
darin begründet, dass die Erwartungshaltung der Mitglieder höher oder anders ist, als die tat-
sächliche Leistung. Deshalb ist es hier besonders wichtig, Maßnahmen zu entwickeln und
durchzuführen, um die Neumitglieder zu integrieren und in ihrer Entscheidung zu bestärken.
Weiterführend einige Beispiele zur Integration von Neukunden:

- Einführungstraining: Hierbei wird der Kunde in sein Trainingsprogramm eingewiesen
  und bekommt eine(n) persönliche/n Trainer/in zugewiesen. Die Geräte und Übungsaus-
  führungen werden umfassend erklärt. Der persönliche Nutzen wird ausdrücklich erwähnt. Der Trainer oder die Trainerin plant für die Einführungstermine genügend Zeit
  ein, um sich ausschließlich um diese Person zu kümmern. Der Kunde soll sich wohl und
  gut aufgehoben fühlen.
- Telefonmarketing: In den ersten Wochen wird das Neumitglied in regelmäßigen Ab-
  ständen angerufen. Hier wird die Zufriedenheit mit sich und mit der Dienstleistung im
  Betrieb erfragt. Es ist ausdrücklich zu erwähnen, dass sich das Mitglied bei Problemen
  oder Fragen jederzeit an ein/e Trainer/Trainerin wenden kann.
- Namen der Mitglieder: Da der Name das persönlichste Wort ist, sollten alle Mitarbeiter
  im Club möglichst die Namen der Mitglieder kennen. Umso persönlicher ein Kunde
  angesprochen wird, desto wohler wird er sich fühlen.

- Neumitgliedertreffen: Alle vier bis sechs Wochen sollte ein Treffen organisiert werden, zu dem sich die Neumitglieder treffen können. So werden nochmal die Leistungen und Möglichkeiten des Clubs erwähnt. Außerdem haben Sie die Möglichkeit, sich kennenzulernen und gegebenenfalls einen Verbündeten im (neuen) Studio zu finden.

- Einbindung in Aktionen und Motivationsspiele: Neumitglieder sollten für regelmäßige Besuche im Betrieb belohnt werden. Oftmals ist das Training noch nicht Bestandteil ihres Tagesablaufs. Sie brauchen in den ersten Monaten eine gewisse Motivation, um die Regelmäßigkeit des Trainings in ihr Leben zu integrieren.

Begründung der Auswahl: diese fünf Punkte beschreiben die häufigsten Kündigungsgründe, wenn sie nicht angewendet werden. Die Einhaltung der Punkte verhelfen dem Neumitglied, sich umfassend zu integrieren. Sie vermitteln dem Mitglied, dass es nicht auf sich allein gestellt ist, wenn es Probleme geben sollte. Der Einstieg in ein kontinuierliches Training ist für Neumitglieder ungewohnt. Sie müssen dabei begleitet werden, um ein positives Gefühl mit dem Training zu verbinden. Nur so lassen sich aus ihnen zufriedene Stammmitglieder machen.

2.3 Zusatzverkäufe

Beispiele für derzeitige Zusatzeinkünfte:

1. Beispiel: Verkauf von Eiweißshakes. Im Vitalis Sport werden am Thekenbereich Eiweißshakes á 250ml. in neun verschiedenen Geschmackssorten frisch zubereitet und verkauft. Das eingekaufte Eiweißpulver des Unternehmens wird für Einzelverkäufe verwendet aber auch in größeren Mengen in Dosen oder Tüten verkauft.

2. Beispiel: Verkauf von Gutscheinen. In meinem Ausbildungsbetrieb besteht die Möglichkeit, Gutscheine an der Rezeption in frei auswählbarer Werthöhe zu kaufen. Diese sind einsetzbar für das Solarium, den Saunabereich, die Lymphdrainage, jegliche Arten von Massagen, die Tiefenwärme, verschiedene Fitnesstests, Getränke, einzelne Kurse oder ein Probetraining. Die Gutscheine werden oft als Geburtstagsgeschenk für einen Wellnesstag gekauft.

3. Beispiel: Im Gruppentrainingsbereich verkauft das Unternehmen 10er- und 20er-Karten für die Teilnahme am Kursprogramm. Das hat den Vorteil, dass Mitglieder nicht dauerhaft einen

Beitrag für Kurse zahlen müssen. Sie bezahlen nur die Kurse, an denen sie auch letztendlich teilnehmen. Außerdem lassen sich die Karten auch an Externe verkaufen. Das heißt, Personen, die keine Mitgliedschaft abgeschlossen haben, können am Kursprogramm teilnehmen. Daraus entwickeln sich dann oft neue Vertragsabschlüsse.

Beispiele für weitere neuartige Möglichkeiten Zusatzverkäufe zu generieren:

1. Beispiel: Eiweißshakes könnten zum Mitnehmen angeboten werden. Gerade die jüngere Generation arbeitet vermehrt in verschiedenen Schichten. Somit wird das Training oft vor der Arbeit absolviert. Nach dem Training ist dann meistens keine Zeit mehr, um in Ruhe einen Eiweißshake zu trinken. Stattdessen wird sich Sorgen gemacht, ob der Bus oder die Bahn noch rechtzeitig erreicht wird, um pünktlich zur Arbeit zu erscheinen. Demnach wäre das Angebot für einen "Shake to go" in meinem Ausbildungsbetrieb rentabel.

2. Beispiel: Das Vitalis Sport verfügt über eine große gemütliche Lounge, die sehr wenig genutzt wird. Der Mangel an "Snack-Angeboten" ist in meinen Augen ein Grund dafür. Vor längerer Zeit wurden Eiweißriegel angeboten, die sich gut und schnell verkaufen ließen. Ein kleines Angebot an verschiedenen Snacks (z.B. Nüsse, getrocknete Früchte etc.) könnte zum Verweilen einladen und auch die Kundenzufriedenheit insgesamt erhöhen.

3. Beispiel: Kostenfreie Seminare anbieten und Einladungen schreiben, um Produkte und Dienstleistungen zu bewerben. Der Umsatz wird währenddessen erhöht durch den Verkauf von Getränken/Buffet (z.B. mit Spendendose). Den Mitgliedern wird vermittelt, dass es dem Team wichtig ist, dass die persönlichen Ziele auch tatsächlich erreicht werden. Somit wird auch die Verbindung zur Person stärker und die Kündigungsbereitschaft sinkt. Durch verschiedene Seminar-Angebote wäre für jede Altersgruppe etwas dabei (z.B. Sturzprävention für die ältere Generation, Muskelaufbau für die jüngere Generation).

3 Teilaufgabe 3 – Teams, Motivation & Führung

Im dritten Kapitel geht es um die Teamentwicklung, die Motivation und verschiedene Führungsstile, auf die ich im Folgenden näher eingehen werde.

3.1 Teamentwicklung

	Unterstützende Tätigkeit des Teamleiters zur Teamentwicklung
Phase 1 "Forming"	- Möglichkeit geben, dass sich das Team kennenlernen kann - Verschiedene Aufgaben geben, um den Teammitgliedern die Möglichkeit zu geben, Fähigkeiten zu zeigen - Klare Aufgabenverteilung
Phase 2 "Storming"	- Teammitglieder müssen die Möglichkeit haben, Abstand voneinander halten zu können - Durch gezielte Aktionen versuchen die Teammitglieder dazu zu zwingen, sich zu positionieren und zu erzählen, was Ihnen wichtig ist
Phase 3 "Norming"	- Durch langsamen "Rückzug" des Teamleiters wird das Team selbstständiger - Verantwortung des Teamleiters an ein Teammitglied abgeben: schafft mehr Eigenverantwortung
Phase 4 "Performing"	- Teamleiter nimmt eine beobachtende Rolle ein und greift nur ein, wenn es sein muss (Förderung im Umgang mit Problemen/Problemlösungen im Team) - Aktionen einbinden, um die Arbeit jedes Teammitglieds vor dem gesamten Team (eventuell auch des gesamten Unternehmens) zu honorieren

Tabelle 3: Maßnahmen zur Teamentwicklung nach Tuckman (eigene Darstellung)

Generell ist die Gewichtung der Teamleiterposition in den ersten drei Phasen nicht zu unterschätzen. Es hängt stark davon ab, wie viel Freiraum der Teamleiter seinen Teammitgliedern schaffen kann. Um aber beispielsweise überschwängliche Charaktere mit in ein harmonisches Miteinander bringen zu können, muss speziell in der zweiten Phase immer wieder regulierend

eingegriffen werden. Das Erkennen und Akzeptieren von Stärken und Schwächen des Gegen-
übers ist ein wichtiger Bestandteil in der Teambildung, den es zu erreichen gilt. Hier kann und
muss der Teamleiter klare Aufgaben und Befugnisse festlegen. Damit sich das Team auf seine
Ziele konzentrieren kann, muss der Rahmen der Bewegungsfreiheit aufgezeigt oder im besten
Falle gemeinsam erarbeitet werden.

3.2 Motivation

Durch „Gruppenprovisionen" die Motivation im Team aufrecht zu erhalten ist zunächst eine
gute Idee. Alle Mitarbeiter bekommen die gleiche Summe und können diese auch immer fest
einplanen. Es werden keine Unterschiede gemacht, ob nun Mitarbeiter A oder Mitarbeiter B
mehr Umsatz im Monat erzielt hat. Genau das kann aber auch zum Problem werden. Diese Art
von „Motivation" führt irgendwann zwangsläufig zu Unstimmigkeiten im Team. Ein Teammitglied, das beispielsweise gerne und gut verkauft, wird wesentlich häufiger für Umsätze sorgen,
als der reine Büromitarbeiter. Die subjektive Wahrnehmung des verkaufenden Teammitglieds,
könnte zügig umschwenken in ein Gefühl der Ungerechtigkeit. Letztendlich ist es eine wichtige
Aufgabe des Teamleiters, die einzelnen Stärken zu erkennen und zu fördern. Hierbei muss im
Team aber deutlich sein, dass jedes Teammitglied zum Erfolg des Unternehmens und zur Um-
satzsteigerung beiträgt.

3.3 Führung

Zum Fallbeispiel 1:
Hier ist deutlich zu erkennen, dass es sich um den direktiven Führungsstil handelt. Er lässt den
Angestellten keinerlei Freiraum und Entfaltungsspielraum. Alle Aufgaben sind restriktiv vor-
gegeben und werden bis ins kleinste Detail kontrolliert.

Zum Fallbeispiel 2:
In diesem Beispiel wird das Gegenteil zum ersten Fall vorgestellt. Es ist ein deutlicher affilia-
tiver Stil zu erkennen. Ganz klar steht die Harmonie sämtlicher Unternehmens- und Führungs-
prozesse im Vordergrund. Die Wertschätzung jedes einzelnen Mitarbeiters wird als Mittel für
das Erreichen der Unternehmensziele unabdingbar. In diesem Sinne kann sich jedes Mitglied
völlig frei entfalten und auf seine eigene Art dem Unternehmen von Nutzen sein.

4 Teilaufgabe 4 – Controlling

Kapitel vier beschäftigt sich mit dem Aufgabenfeld „Controlling" und geht näher auf den Umgang mit Kennzahlen im Vertrieb und die Fluktuationsquote ein. Alle Kennzahlen werden nach den Formeln aus dem Studienbrief "Verkaufsmanagement" der DHfPG berechnet.

4.1 Kennzahlen im Vertrieb

Ermittlung der Telefonquote $= \frac{Anza \quad der\ vereinbarten\ Beratungstermine}{Anzahl\ Interessentenanrufe} x100$

Ermittlung des Quartalswerts der vereinbarten Beratungstermine (Elisabeth) = Jan. + Feb. + März = 91+84+79= 254

Ermittlung des Quartalswerts der Anzahl der Interessentenanrufe (Elisabeth) = Jan. + Feb. + März = 115 + 103 + 100 = 318

<u>In Formel einsetzen:</u>

Ermittlung der Telefonquote (Elisabeth) $= \frac{254}{318} x100 \quad = 79{,}87\ \%$

Ermittlung der Telefonquote (Andreas) $= \frac{271}{358} x100 \quad = 75{,}70\ \%$

Ermittlung der Telefonquote (Anne) $= \frac{237}{561} x100 \quad = 42{,}25\ \%$

Ermittlung der Termineinhaltungsquote $= \frac{Anz \quad der\ erschienenen\ Beratungstermine}{Anzah \quad der\ vereinbarten\ Beratungstermine} x100$

Ermittlung des Quartalswerts der erschienenen Beratungstermine (Elisabeth) = Jan. + Feb. + März = 62 + 58 + 60 = 180

Ermittlung des Quartalswerts der vereinbarten Beratungstermine (Elisabeth) = Jan. + Feb. + März = 91+84+79= 254

<u>In Formel einsetzen:</u>

Ermittlung der Termineinhaltungsquote (Elisabeth) $= \frac{180}{254} x100 = 70{,}87\ \%$

Ermittlung der Termineinhaltungsquote (Andreas) $= \frac{235}{271} x100 = 86{,}72\ \%$

Ermittlung der Termineinhaltungsquote (Anne) $= \frac{124}{237} x100 = 52,32\ \%$

Ermittlung der Abschlussquote $= \frac{Anzah\ der\ abgeschlossenen\ Mitgliedschaften}{Anza\ der\ durchgeführten\ Beratungen} x100$

Ermittlung des Quartalwerts der abgeschlossenen Mitgliedschaften (Elisabeth) = Jan. + Feb. + März = 29 + 22 + 22 = 73

Ermittlung des Quartalswerts der durchgeführten Beratungstermine (Elisabeth) = Jan. + Feb. + März = 62 + 58 + 60 = 180

<u>In Formel einsetzen:</u>

Ermittlung der Abschlussquote (Elisabeth) $= \frac{73}{180} x100 = 40,56\ \%$

Ermittlung der Abschlussquote (Andreas) $= \frac{205}{235} x100 = 87,23\ \%$

Ermittlung der Abschlussquote (Anne) $= \frac{107}{124} x100 = 84,26\ \%$

	Elisabeth	Andreas	Anne
Telefonquote	79,87 %	75,70 %	42,25 %
Termineinhaltungsquote	70,87 %	86,72 %	52,32 %
Abschlussquote	40,56 %	87,26 %	84,26 %

Tabelle 4: Übersicht der Kennzahlen (eigene Darstellung)

<u>Beurteilung der Kennzahlen:</u>

Bei den zugrundeliegenden Kennzahlen empfiehlt es sich, Elisabeth aufgrund der verhältnismäßig schlechten Abschlussquote keine persönlichen Beratungsgespräche durchführen zu lassen. Die Akquise am Telefon sollte sie indes weiter aufrechterhalten. Dies bestätigt die hohe Telefonquote. Im Gegensatz dazu, liegen Annes Stärken im direkten Kundengespräch. Hier zeugt die hohe Abschlussquote von Überzeugungskraft und Empathiefähigkeit. Dass Andreas zum wiederholten Male zum Vertriebler des Jahres gekürt wurde, bestätigen die Kennzahlen.

<u>Maßnahmen zur Verbesserung der Kennzahlen:</u>

Durch die niedrige Telefonquote, aber im Vergleich dazu hohe Abschlussquote, sollte die Empfehlung sein, dass Anne keine direkte Telefonakquise mehr durchführt. Sie könnte direkte Kundengespräche, die durch Elisabeth gewonnen wurden, mitübernehmen. Elisabeth ist im Sinne des Unternehmens von direkten Verkaufsgesprächen abzuraten. Natürlich basiert diese Annahme lediglich auf diesen Quartalszahlen. Die Kennzahlen können sich innerhalb der fortlaufenden Monate ändern.

4.2 Fluktuationsquote

Zur Ermittlung der Fluktuationsquote wird folgende Formel angewendet:

$$\text{Fluktuationsquote} = \frac{Anzahl\ der\ Abg\ddot{a}nge}{Durchschnitt \quad Mitgliederbestand} x100$$

Zunächst erfolgt die Ermittlung der durchschnittlichen Jahreswerte:

$$\text{Endbestand-Durchschnitt} = \frac{Jan+Feb+Mrz+Apr+Mai+Jun+Jul+Aug+Sep+Okt+Nov+Dez}{12} = 3887$$

Abgänge-Gesamt= Jan. + Feb. + März + Apr. + Mai + Jun. + Jul. + Aug. + Sep. + Okt. + Nov. + Dez. = 846

Die Fluktuationsquote für das gesamte Jahr ergibt daher $= \frac{84}{3887} x100 = 21,8\%$

Im Folgenden soll ermittelt werden, wie viele Mitglieder bei 5% geringerer Fluktuationsrate im durchschnittlichen Endbestand vorhanden wären.

$$\text{Endbestand-Durchschnitt(-5\%Flu)} = \frac{Endbestand-Durschnitt\ x\ (Fluktuationstrate-\ \%)}{100\%} = 653$$

Es befänden sich daher 846 – 653 = 193 Mitglieder zusätzlich im Endbestand. Der Endbestand beliefe sich dann auf 4080 Mitglieder.

Der durchschnittliche Monatsumsatz beliefe sich bei dieser Annahme auf:

Mitgliederanzahl x 50€ = 204000€

Sollte die Fluktuationsrate auf das Niveau von 16,8% gesenkt werden können, kann das Unternehmen mit einem Umsatzplus von 9650€/mtl. rechnen.

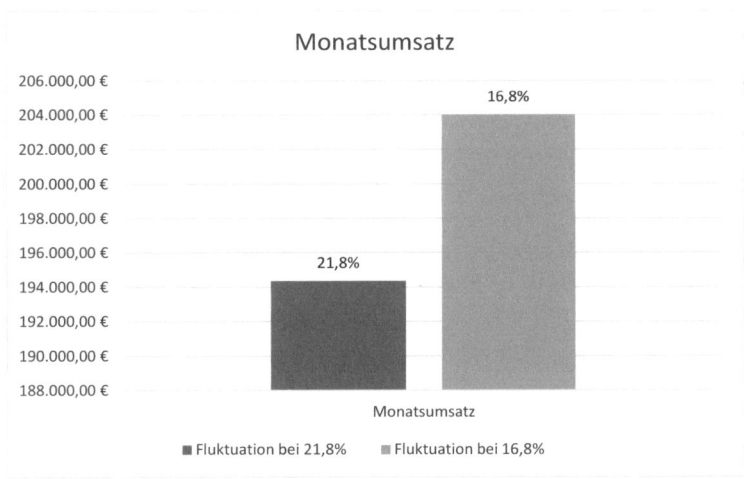

Abb. 1: Darstellung des Monatsumsatzes der verschiedenen Fluktuationsraten (eigene Darstellung)

5 Literaturverzeichnis

Tuckman, B. (1965). Developmental sequences in small groups. *Psychological Bullentin*. 63. 348 – 399.

Vollmuth, H. (2002). Kennzahlen (2.Aufl.). München: Haufe.

6 Abbildungs- und Tabellenverzeichnis

6.1 Abbildungsverzeichnis

6.2 Tabellenverzeichnis